GRAPHIC LIBRARY™

en español

BIOGRAFÍAS GRÁFICAS

CLARA BARTON

Ángel del campo de batalla

por Allison Lassieur
ilustrado por Brian Bascle

Consultores:
El personal del Recinto Histórico
Nacional de Clara Barton
Glen Echo, Maryland

Capstone

Mankato, Minnesota

Graphic Library is published by Capstone Press,
151 Good Counsel Drive, P.O. Box 669, Mankato, Minnesota 56002.
www.capstonepress.com

1 2 3 4 5 6 11 10 09 08 07 06

Library of Congress Cataloging-in-Publication Data
Lassieur, Allison.
   [Clara Barton: angel of the battlefield. Spanish]
   Clara Barton: ángel del campo de batalla/por Allison Lassieur; ilustrado por Brian Bascle.
   p. cm.—(Biografías gráficas)
   Includes bibliographical references and index.
   ISBN–13: 978–0–7368–6601–9 (hardcover : alk. paper)
   ISBN–10: 0–7368–6601–9 (hardcover : alk. paper)
   ISBN–13: 978–0–7368–9669–6 (softcover pbk. : alk. paper)
   ISBN–10: 0–7368–9669–4 (softcover pbk. : alk. paper)
   1. Barton, Clara, 1821–1912—Juvenile literature. 2. Nurses—United States—Biography—
Juvenile literature. I. Bascle, Brian, ill. II. Title. III. Graphic Library. Biografías gráficas.
HV569.B3L3718 2007
361.7'634092—dc22   2006043851

Summary: In graphic novel format, tells the life story of Clara Barton, who served as a Civil War
nurse and started the American Red Cross, in Spanish.

Art and Editorial Direction	*Editor*
Jason Knudson and Blake A. Hoena	Rebecca Glaser
Designers	*Translation*
Jason Knudson and Jennifer Bergstrom	Mayte Millares and Lexiteria.com

Nota del editor: Los diálogos con fondo amarillo indican citas textuales de fuentes
fundamentales. Las citas textuales de dichas fuentes han sido traducidas a partir del inglés.

Direct quotations appear on the following pages:
Page 8, letter from Stephen Barton Jr. to Clara Barton, July 1851; Page 9, letter from Clara Barton
   to Bernard Vassall, 1851; Pages 15, 16, letter from Dr. James Dunn, army surgeon, to his
   wife; Page 26, letter from Clara Barton to Halsted, April 1906; all quoted in *Clara Barton:
   Professional Angel* by Elizabeth Brown Pryor (Philadelphia: University of Pennsylvania
   Press, 1987).
Page 11, letter from Clara Barton to Bernard Vassall; page 13, letter from Clara Barton to ladies in
   Worchester; Page 17, journal entry; all quoted in *Clara Barton National Historic Site
   Handbook* by National Park Service (Washington, D.C.: Division of Publications, 1981).
Page 19, Clara Barton's war lecture, Library of Congress papers, http://memory.loc.gov/
   cgi-bin/ampage
Page 24, editorial from the Johnstown Daily Tribune, quoted in *The Red Cross in Peace and War*
   by Clara Barton (Washington, D.C.: American Historical Press, 1899).
Page 27, quoted in *The Life of Clara Barton* by Percy H. Epler. (New York: The Macmillian
   Company, 1915).

TABLA DE CONTENIDOS

Capítulo 1
EL NACIMIENTO DE UNA HEROÍNA

Clara Barton nació el 25 de diciembre de 1821, en el pequeño pueblo de North Oxford, Massachusetts. Conforme ella iba creciendo, sus hermanos y hermanas mayores le enseñaron muchas cosas.

Apila los cubos de esta forma, Clara.

Mira, déjame enseñarte cómo.

Clara, ya es hora de irte a dormir.

Los hermanos y hermanas de Clara eran más de 10 años mayores que ella. Cuando estaba grande, Clara dijo que ella "no había tenido compañeros de juego, pero sí seis padres y madres".

El hermano de Clara, David, le enseñó a montar a caballo cuando ella tenía cinco años de edad. Era tímida, pero muy determinada.

¡El caballo es muy grande! ¡Pero no tengo miedo, no estoy asustada!

¡Vas muy bien Clara!

El papá de Clara era un veterano de guerra. A Clara le encantaba escuchar sus historias sobre la guerra.

¡Ay cómo quisiera pelear en emocionantes batallas como esa!

Y luego una tropa de soldados enemigos corrieron directo hacia nosotros.

¡No puedes! ¡Eres una niña!

Sólo los hombres pueden ser soldados.

Varios años después, Clara se convirtió en maestra. Ella todavía era una adolescente, y sólo tenía algunos años más que sus alumnos.

En los años 1800, la enseñanza era uno de los pocos trabajos profesionales que las mujeres podían tener.

No sé cómo voy a enseñarles a estos niños. ¡Pero lo conseguiré!

Clara se convirtió en una excelente maestra. Ella mantenía a sus estudiantes en línea con respeto y justicia.

¡Joseph, eres demasiado listo como para estar haciendo esas *payasadas!* ¡Espero más de *ti!*

Sí señorita, lo siento.

Clara había recibido la noticia de la muerte de su madre demasiado tarde para asistir al funeral. Regresó a casa al final del curso.

Ahora no tengo a dónde ir, ni a quién ir a ver, nada que hacer, ni forma de ganarme la vida si acaso fuese a algún lugar.

De regreso a casa, sin trabajo y sin nada que la motivara, no sabía qué hacer con su vida.

Después de unos cuantos meses en casa, Clara decidió que era hora de intentar algo diferente.

Estoy contenta de que mis amigos me hayan invitado a vivir con ellos en Nueva Jersey.

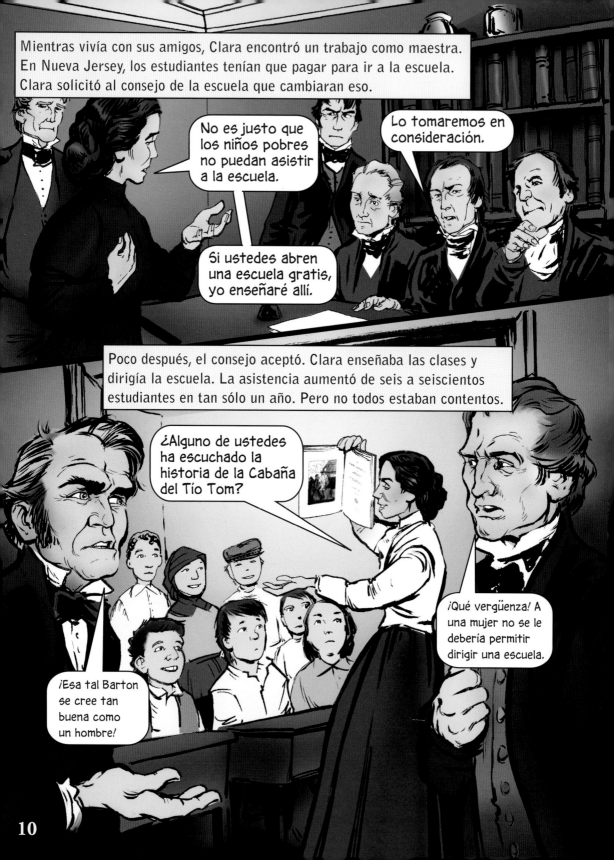

Mientras vivía con sus amigos, Clara encontró un trabajo como maestra. En Nueva Jersey, los estudiantes tenían que pagar para ir a la escuela. Clara solicitó al consejo de la escuela que cambiaran eso.

No es justo que los niños pobres no puedan asistir a la escuela.

Lo tomaremos en consideración.

Si ustedes abren una escuela gratis, yo enseñaré allí.

Poco después, el consejo aceptó. Clara enseñaba las clases y dirigía la escuela. La asistencia aumentó de seis a seiscientos estudiantes en tan sólo un año. Pero no todos estaban contentos.

¿Alguno de ustedes ha escuchado la historia de la Cabaña del Tío Tom?

¡Qué vergüenza! A una mujer no se le debería permitir dirigir una escuela.

¡Esa tal Barton se cree tan buena como un hombre!

Capítulo 2
LA GUERRA CIVIL

Durante años, los estados del norte y los del sur habían estado peleando acerca de la esclavitud y otros asuntos. Los estados del sur se separaron de los Estados Unidos y formaron su propio país. Pero el norte quería salvar la Unión. Para el mes de abril de 1861, la Guerra Civil había empezado.

Washington, D.C. se convirtió en el centro del ejército del norte. Clara, como muchos otros, saludaba a los soldados que iban llegando. Un día, alcanzó a ver a unos chicos de su pueblo.

¿Se acuerda de mi Srta. Barton? Usted fue mi maestra.

¿Cómo estás Joseph? ¿Te trata bien el ejército?

No tenemos suficiente jabón, vendajes...

Tampoco nos dan mucho de comer.

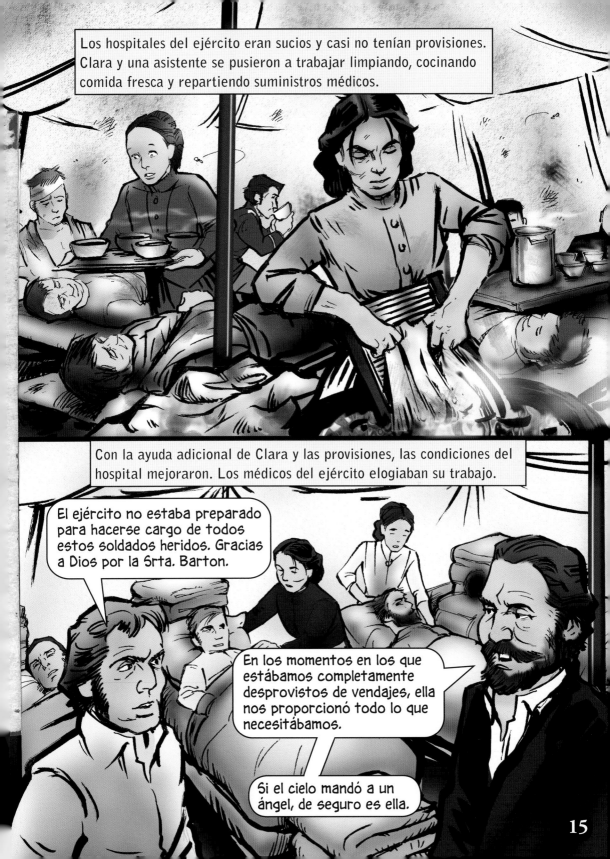

Clara pasó el resto de la guerra atendiendo a los soldados. A lo largo de todos los acontecimientos, su único pensamiento era el de ser útil a los hombres que necesitaban de su ayuda.

Querida esposa,
... No teníamos nada más que nuestros instrumentos... Cuando la locomotora del tren hacía sonar su silbato en la estación, la primera en la plataforma era la Srta. Barton, nuevamente dispuesta a proveernos con vendajes y cualquier clase de artículo que pudiésemos necesitar...

Dr. James Dunn, cirujano militar

LA SRTA. BARTON CASI RECIBE UN DISPARO

En la batalla de Antietam, la Srta. Barton se libró de la muerte cuando una bala rozó su brazo, matando al soldado que estaba atendiendo.

LA SRTA. BARTON CONSERVA LA CALMA DURANTE PELIGROSA BATALLA

En la batalla de Fredericksburg, la Srta. Barton atendió a los heridos aun cuando la habitación en la que se encontraban fue atacada por fuego enemigo.

1 de agosto

Mi trabajo y mis palabras están dirigidas al soldado, a lo que hace, ve, siente o piensa en esas pavorosas horas repletas de lluvia de plomo y granizo de hierro.

Capítulo 3

TERMINA UNA GUERRA Y EMPIEZA OTRA

El norte ganó la Guerra Civil en 1865. Pero el trabajo de Clara no terminó allí. Ella ayudaba a las familias a encontrar a los soldados desaparecidos.

¿Alguna noticia sobre mi hermano, Frank Adams?

Fue hecho prisionero en 1864. Aún está en Georgia.

¡Estoy tan contenta de que esté vivo! ¡Muchas gracias!

El siguiente año, Clara empezó a viajar y a dar discursos acerca de sus experiencias en la guerra.

...Y entre los árboles se tendía a los heridos, quienes llegaban a montones en veintenas de vagones de carga.

Llegaban todo el día, y toda la colina estaba cubierta.

Una vez que terminó su gira de discursos que duró dos años, Clara se empezó a sentir inútil e ignorada. Una vez más se hundió en la depresión. Su doctor pensó que un viaje a Europa le haría bien para su salud. Ella aceptó hacer el viaje.

¡Hasta la vista!

¡Que te diviertas!

¡Los voy a extrañar!

Después de terminar la guerra y concluirse el trabajo de socorro, ella visitó otros lugares en Europa. Inglaterra fue su última parada. Sin nada qué hacer, se sintió aburrida. La depresión y la enfermedad se apoderaron de ella una vez más.

Siento como si estuviera desperdiciando mi vida. Necesito hacer algo útil.

Incluso la visita de su amiga, la Gran Duquesa de Alemania, no pudo animarla.

Te presento la Cruz de Hierro de Alemania como reconocimiento por tu ayuda en nuestros hospitales.

Gracias.

Cuando Clara recibió la noticia de que su hermana Sally estaba enferma de cáncer, zarpó de regreso a casa.

21

Capítulo 4
LA CRUZ ROJA

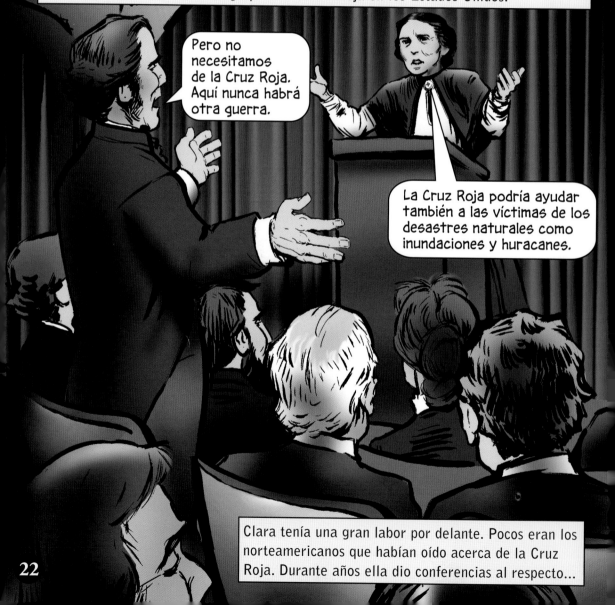

Clara regresó a los Estados Unidos en 1873. Deprimida y enferma después de la muerte de Sally, se tomó un tiempo para descansar y recuperarse. Una vez que se sintió mejor, empezó a pensar en fundar un grupo de la Cruz Roja en los Estados Unidos.

Pero no necesitamos de la Cruz Roja. Aquí nunca habrá otra guerra.

La Cruz Roja podría ayudar también a las víctimas de los desastres naturales como inundaciones y huracanes.

Clara tenía una gran labor por delante. Pocos eran los norteamericanos que habían oído acerca de la Cruz Roja. Durante años ella dio conferencias al respecto...

Durante las siguientes dos décadas, la Cruz Roja ayudó a las víctimas de desastres naturales alrededor de todo el país.

En 1884, los trabajadores de la Cruz Roja llevaron provisiones a las víctimas de una inundación a lo largo de los ríos Ohio y Mississippi.

En 1889, Clara y la Cruz Roja pasaron cinco meses ayudando a las víctimas de otra inundación en Johnstown, Pensilvania.

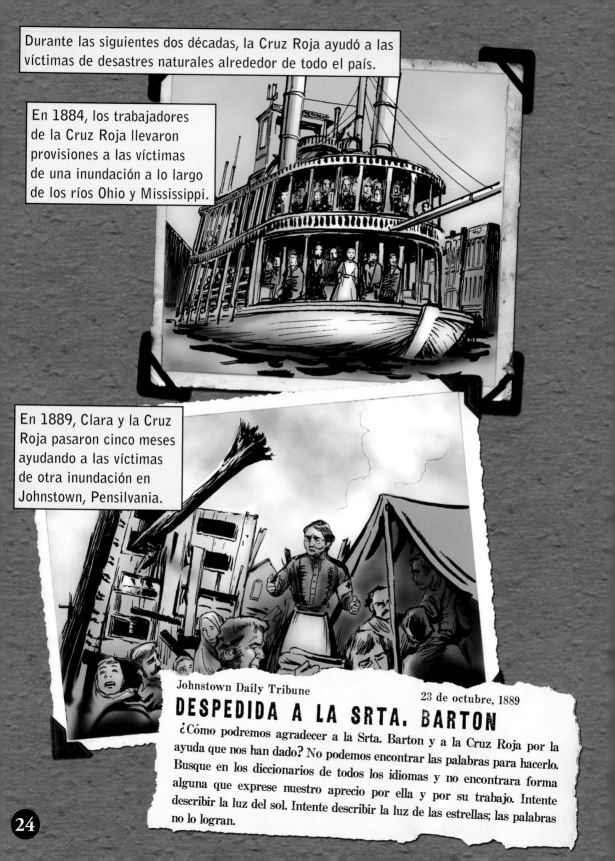

Johnstown Daily Tribune

23 de octubre, 1889

DESPEDIDA A LA SRTA. BARTON

¿Cómo podremos agradecer a la Srta. Barton y a la Cruz Roja por la ayuda que nos han dado? No podemos encontrar las palabras para hacerlo. Busque en los diccionarios de todos los idiomas y no encontrara forma alguna que exprese nuestro aprecio por ella y por su trabajo. Intente describir la luz del sol. Intente describir la luz de las estrellas; las palabras no lo logran.

En 1893, un huracán golpeó la costa de Carolina del Sur. La Cruz Roja entregó comida y ayudó a las personas a sembrar nuevamente en sus campos arruinados.

En 1900, un huracán en Galveston, Texas, dejó a 6,000 personas sin hogar. Clara se llevó a un grupo de trabajadores de la Cruz Roja para prestar ayuda. Ella tenía 78 años de edad.

Más sobre
CLARA BARTON

✚ Clarissa Harlowe Barton nació el día de Navidad, el 25 de diciembre de 1821.

✚ Aunque Clara apoyó al norte durante la Guerra Civil, su compasión era para todos por igual. Ella cuidaba soldados tanto del norte como del sur.

✚ Clara nunca remendó el agujero en su manga después de la batalla de Antietam. "Me pregunto si acaso un soldado remienda un agujero de bala en su abrigo", comentó alguna vez.

✚ Después de la Guerra Civil, Clara ayudó a encontrar a 22,000 soldados desaparecidos. Ella solicitaba a través de periódicos y oficinas postales, que la gente le mandara información. Conforme las cartas llegaba, ella se lo notificaba a las familias de los soldados.

✚ Clara conoció a Susan B. Anthony, la líder de los derechos de las mujeres y apoyó la campaña para conseguir el derecho al voto para las mujeres. Clara también apoyó el derecho al voto para los hombres negros.

✚ La Cruz Roja Internacional fue fundada en Génova, Suiza. Los países que se unieron a la organización acordaron no atacar a doctores, enfermeras, ni soldados lesionados. Las unidades médicas del ejército colocarían a la vista una cruz roja para que pudieran estar a salvo durante la guerra.

- Barton County, Kansas, fue nombrado en homenaje a Clara. Es el único condado en Kansas bautizado en honor a una mujer.

- Clara escribió varios libros, incluyendo *The Story of My Childhood* y *The Red Cross in Peace and War*.

- Antes de mudarse allí, la casa de Clara en Glen Echo, Maryland, fue utilizada como bodega para la Cruz Roja.

- Clara murió el 12 de abril de 1912 en su casa de Glen Echo. En la actualidad, su casa es un Recinto Histórico Nacional.

GLOSARIO

el dependiente—una persona que copia y mantiene un registro de datos

la depresión—una condición de gran tristeza y desesperación

la patente—un documento legal que le otorga a un inventor los derechos exclusivos de hacer o vender su invento

tímido—reservado y temeroso

la veintena—un grupo de veinte cosas

el vendaje—cubierta o vendas para una herida

el veterano—una persona que ha servido en las fuerzas armadas, especialmente durante una guerra

el volante—material impreso pequeño que contiene información sobre un tema

SITIOS DE INTERNET

FactHound proporciona una manera divertida y segura de encontrar sitios de Internet relacionados con este libro. Nuestro personal ha investigado todos los sitios de FactHound. Es posible que los sitios no estén en español.

Se hace así:

1. Visita *www.facthound.com*

2. Elige tu grado escolar.

3. Introduce este código especial **0736866019** para ver sitios apropiados según tu edad, o usa una palabra relacionada con este libro para hacer una búsqueda general.

4. Haz clic en el botón **Fetch It**.

¡FactHound buscará los mejores sitios para ti!

LEER MÁS

Bingham, Jane. *The Red Cross Movement.* World Watch. Chicago: Raintree, 2004.

Collier, James Lincoln. *The Clara Barton You Never Knew.* New York: Children's Press, 2003.

Favor, Lesli J. *Women Doctors and Nurses of the Civil War.* American Women at War. New York: Rosen Pub. Group, 2004.

Raatma, Lucia. *Great Women of the Civil War.* We the People. Minneapolis: Compass Point Books, 2004.

BIBLIOGRAFÍA

Barton, Clara. *The Red Cross in Peace and War.* Washington, D.C.: American Historical Press, 1899.

Barton, Clara. War Lecture. Clara Barton papers, Library of Congress, Manuscript Division, Washington, D.C. Available at: http://memory.loc.gov/ammem/awhhtml/awmss5/civil_war.html

Epler, Percy Harold. *The Life of Clara Barton.* New York: The Macmillan Company, 1915.

Oates, Stephen B. *A Woman of Valor: Clara Barton and the Civil War.* New York: Macmillian, 1994.

Pryor, Elizabeth Brown. *Clara Barton: Professional Angel.* Philadelphia: University of Pennsylvania Press, 1987.

United States. National Park Service. *Clara Barton, Clara Barton National Historic Site, Maryland.* National Park Handbook 110. Washington, D.C.: Division of Publications, National Park Service, U.S. Dept. of the Interior, 1981.

ÍNDICE